Trouve **LES MÊMES** Couleurs
Pouce vers le haut ou pouce vers le bas ?

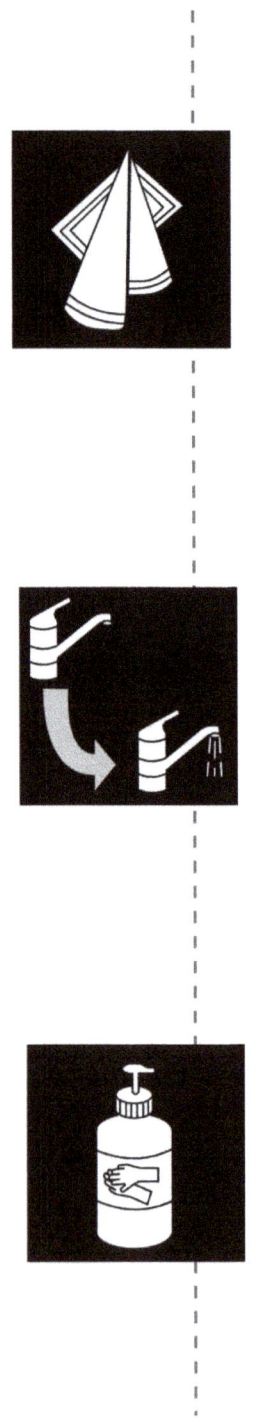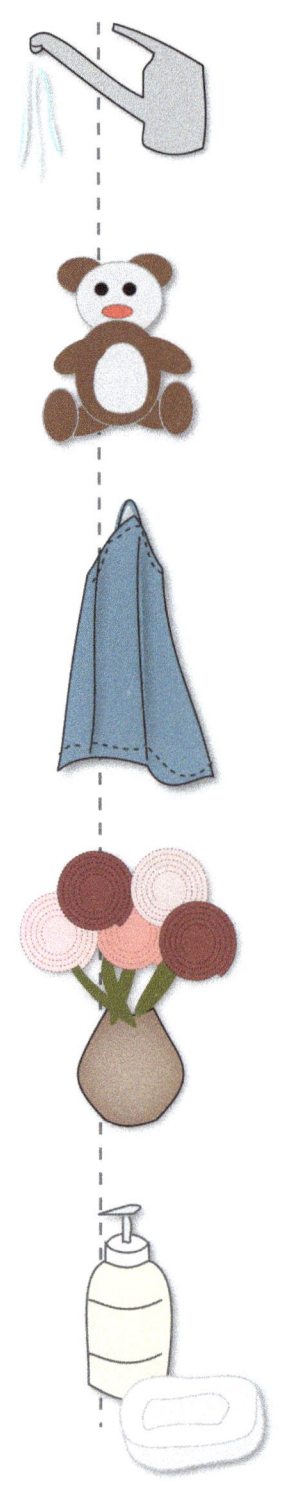Trouve les mêmes ! Pourquoi on en a besoin ?

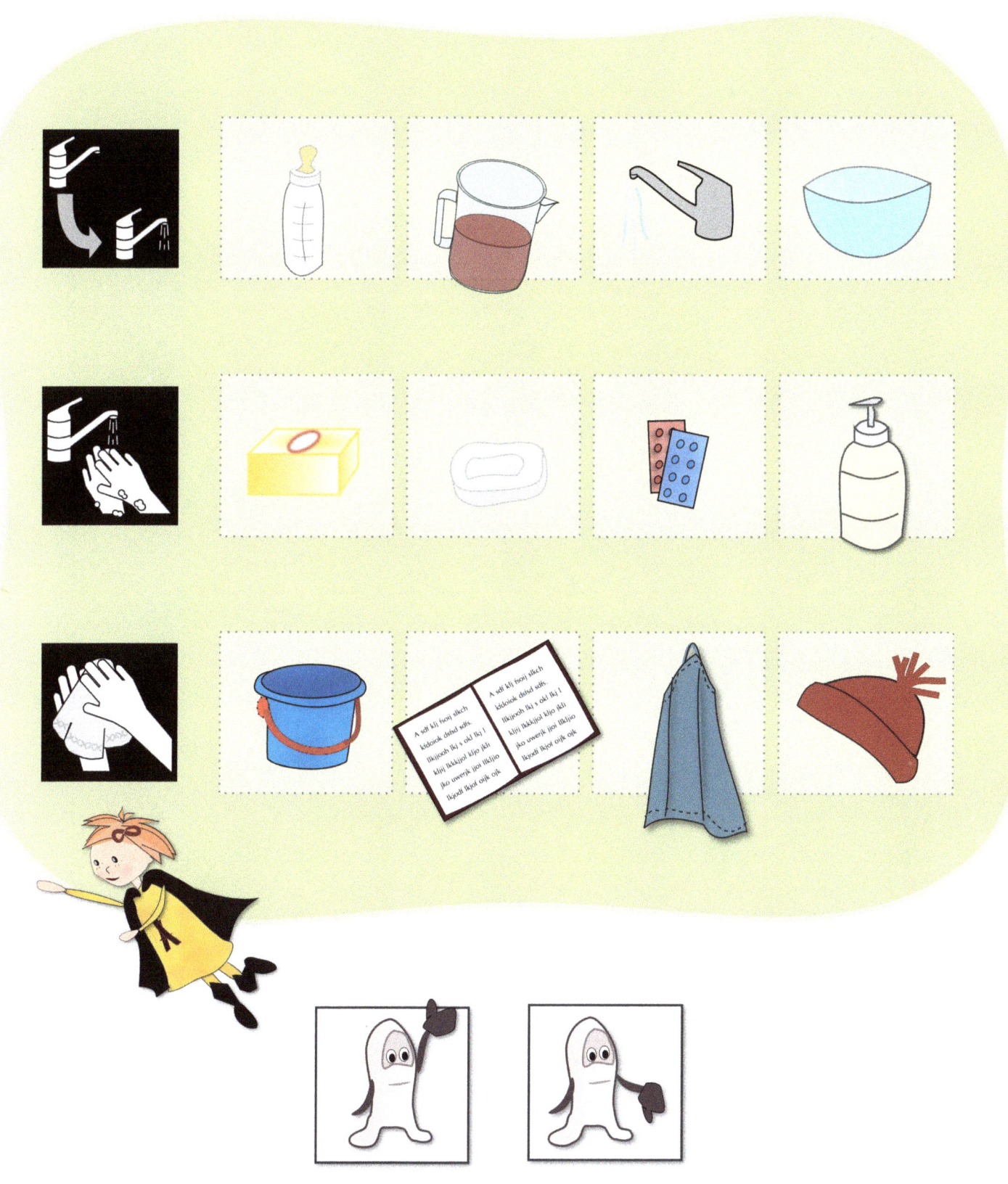

Super-A veut se laver les mains. Aide-la à prendre de l'eau... se laver avec du savon... et se sécher. Pouce vers le haut !

Trouve TOUS LES ⬤

D'ABORD   ENSUITE

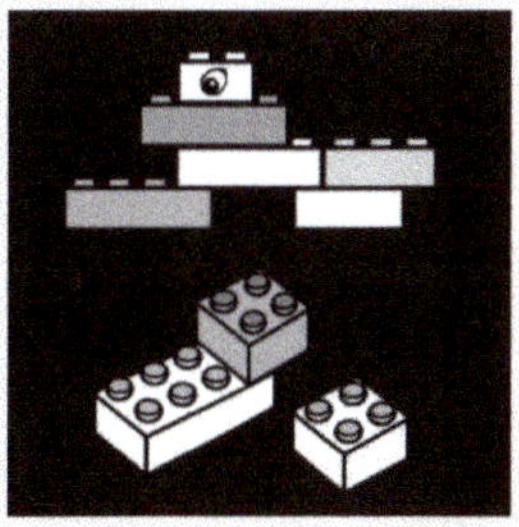

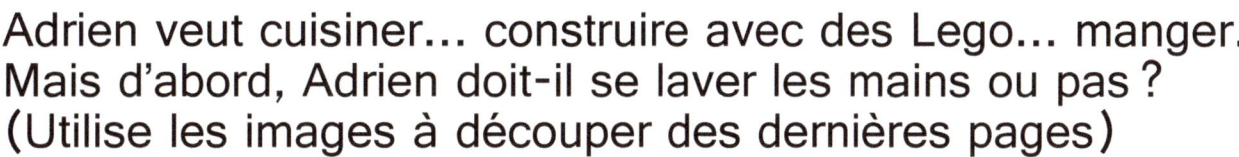

Adrien veut cuisiner... construire avec des Lego... manger.
Mais d'abord, Adrien doit-il se laver les mains ou pas ?
(Utilise les images à découper des dernières pages)

D'ABORD → ENSUITE

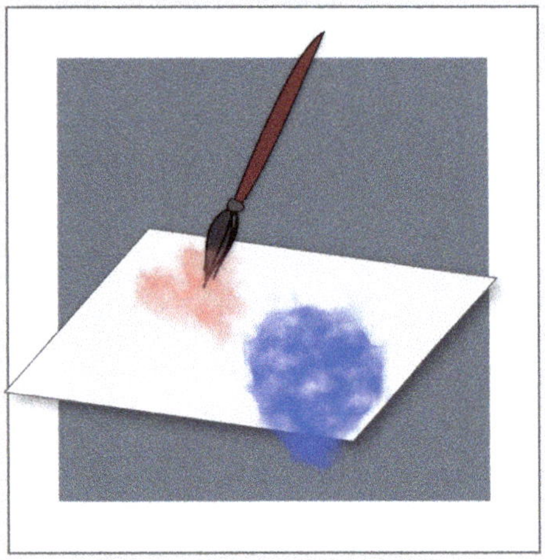

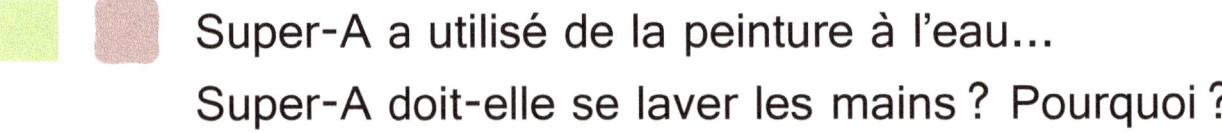

Super-A a utilisé de la peinture à l'eau…
Super-A doit-elle se laver les mains ? Pourquoi ?

D'ABORD → **ENSUITE**

Adrien a utilisé les toilettes...
Adrien doit-il se laver les mains ? Pourquoi ?

Trouve TOUS LES

Tout le monde veut se laver les mains ! Aide-les à attendre leur tour. Qui prend du savon en premier ? (Découpe les cartes de nos amis aux dernières pages)

| 1 | 2 | 3 |

Tout le monde veut boire !
Aide-les à attendre leur tour ! Qui va boire en premier ?

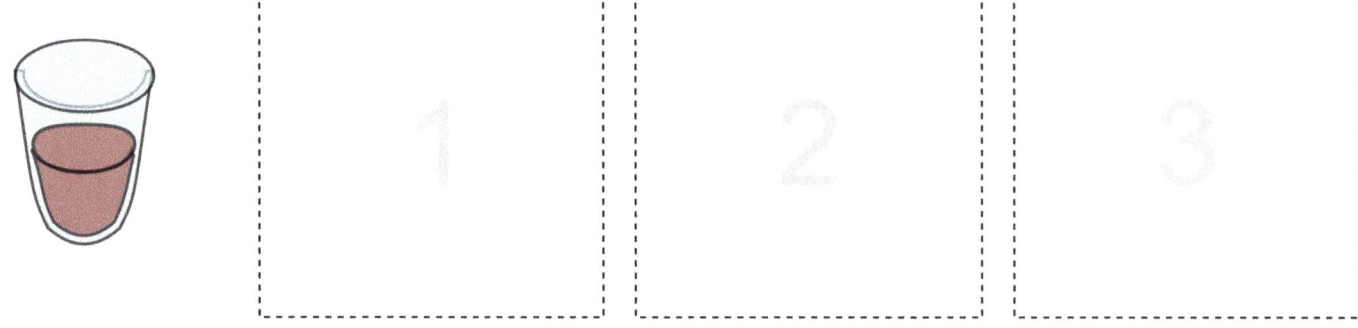

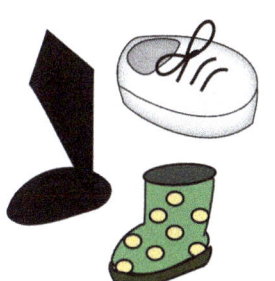

Tout le monde veut l'aide de Maman.
Aide-les à attendre leur tour !
Qui va mettre les chaussures en premier ?

Super-A veut se laver les mains.
Qu'est-ce qui n'a rien à voir ? Pouce vers le bas !

Super-A veut se laver les mains.
Trouve ce dont elle a besoin !

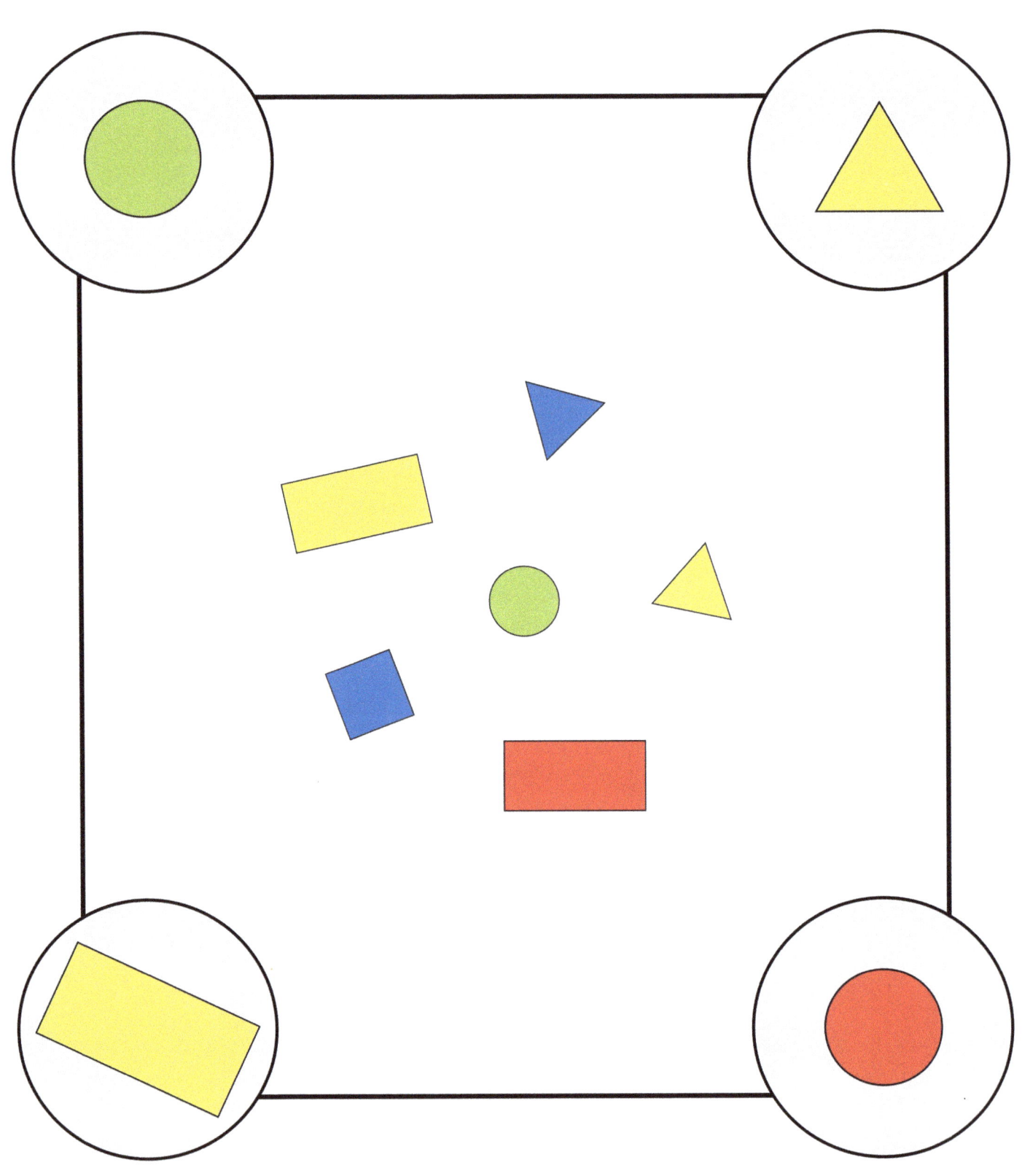

Trouve **LES ?** Mêmes

 Adrien et Super-A doivent attendre leur goûter.
Que Maman devrait-elle mettre sur la table en premier ?

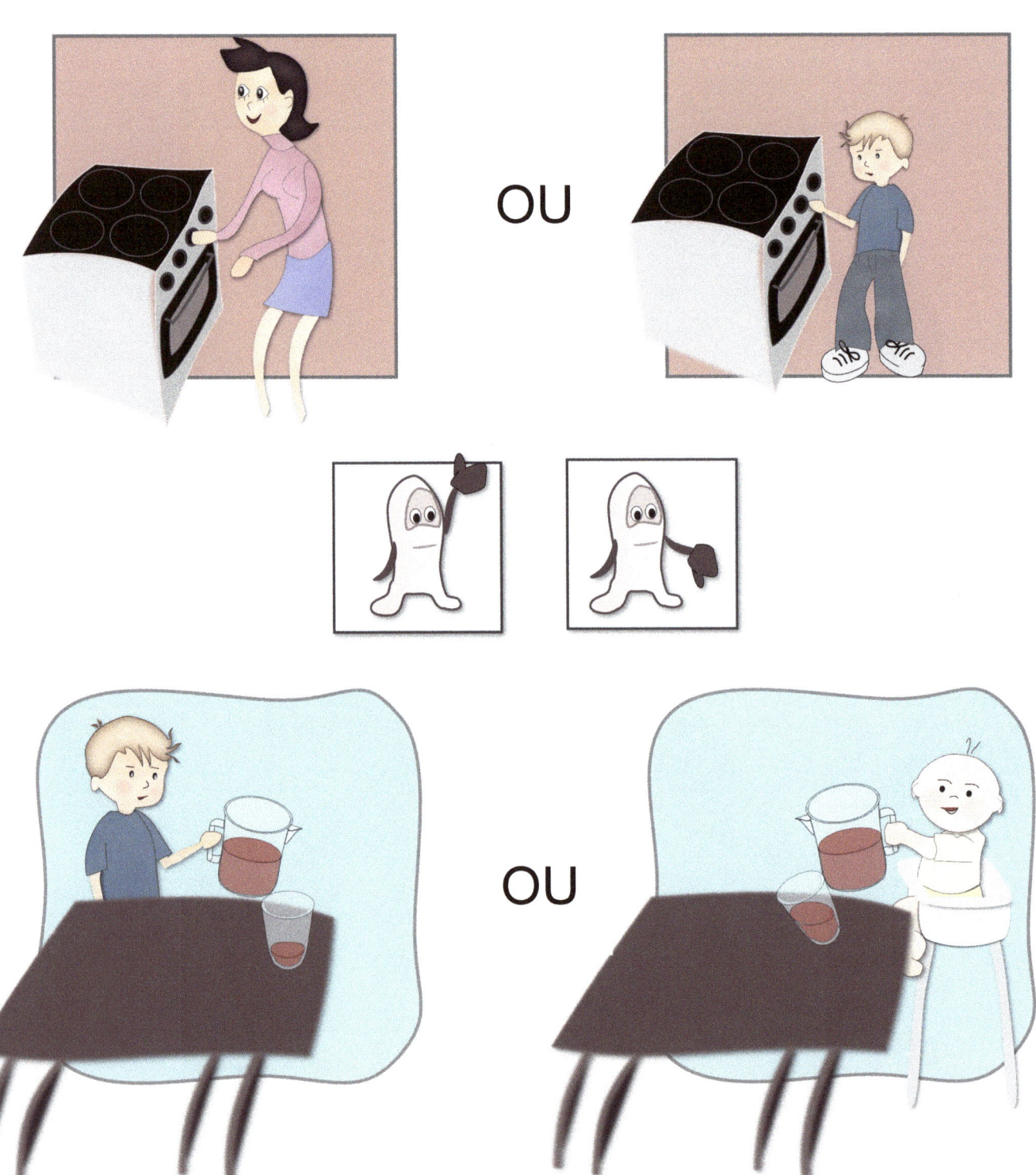

Attends ! Qui devrait le faire ? Pourquoi ?
Pouce vers le haut… ou pouce vers le bas ?

OU

OU

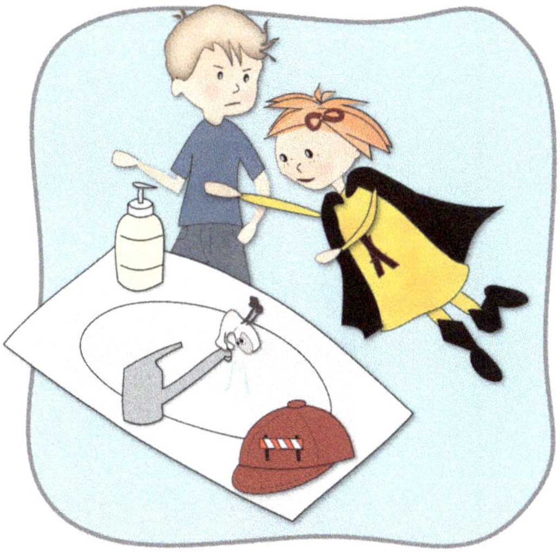

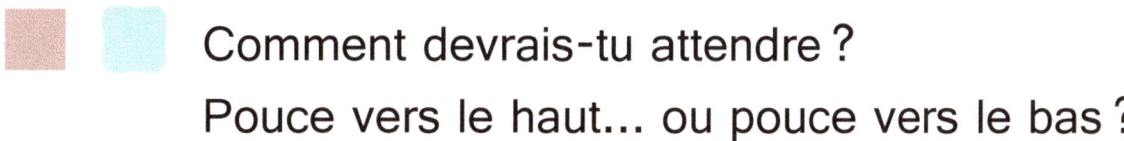

Comment devrais-tu attendre ?
Pouce vers le haut... ou pouce vers le bas ?

Trouve **4 BLOCS** Et Construis

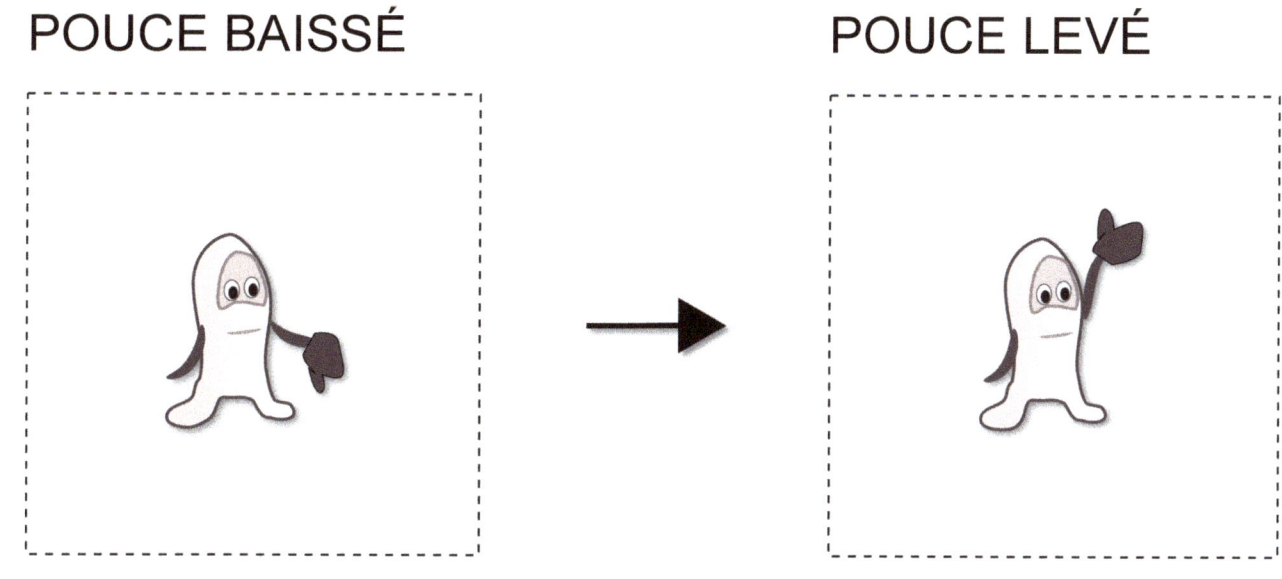

Nous nous... lavons... et séchons les mains. Nous prenons du savon... mélangeons... et cuisinons. Qu'est-ce qui est bon ?

Viens jouer au jeu de mémoire ! Découpe les cartes. Mets chaque nouvelle paire dans l'ordre :

« POUCE BAISSÉ – POUCE LEVÉ »

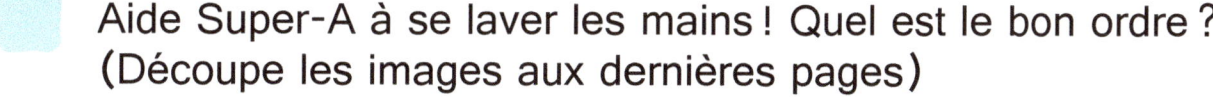

Aide Super-A à se laver les mains ! Quel est le bon ordre ? (Découpe les images aux dernières pages)

Papa va chercher la bouteille. Qui attend la bouteille ?
Placez la Casquette de l'Attente sur Adrien, le bébé ou Maman.
(Découpez les cercles et la Casquette à la page suivante)

Images à découper pour les exercices ! Se laver les mains avant / après.

Aidez-les à attendre leur tour. Et mettiez les pictogrammes dans l'ordre.

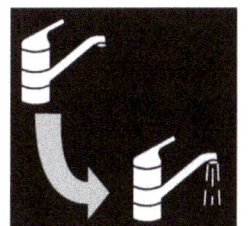 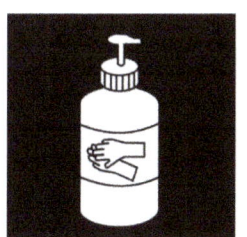   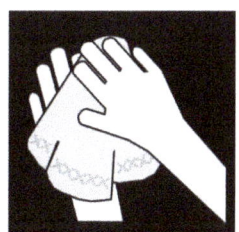

Ajoutez vos propres photos aux cercles : apprenez à votre enfant à attendre.

Savon   Gant de cuisine   Beurre   Oeufs

Découvrez plus de leçons de vie ! D'autres cahiers d'exercices sont disponibles avec le premier livre de
« Adrien et Super-A » !

LES PETITS NOUVEAUX Se laver et attendre avec Adrien et Super-A :

Leçons de vie pour enfants avec autisme ou TDAH

LES PETITS NOUVEAUX 2 © Jessica Jensen et Be My Rails Publishing 2015

Tous droits réservés. Veuillez noter que les professeurs ne sont pas autorisés à reproduire les cahiers d'exercice. Conditions d'utilisation : a) Les pages destinées à être découpées peuvent être reproduites. b) Toutes les pages peuvent être plastifiées et réutilisées par le même étudiant : limité à un étudiant par cahier acheté.

Traduction en français : Thomas Mahieu

Pictogrammes : www.sclera.be

ISBN 978-91-982414-5-7

Be My Rails Publishing

www.BeMyRails.com

     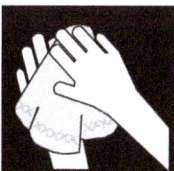

Ouvrir le robinet | Prendre du savon | Se laver (avec du savon) | Fermer le robinet | Prendre la serviette | Se sécher

Utilisez les pictogrammes avec le train Monsieur les Rails ! Du cahier d'exercices « PETITS NOUVEAUX 1 »

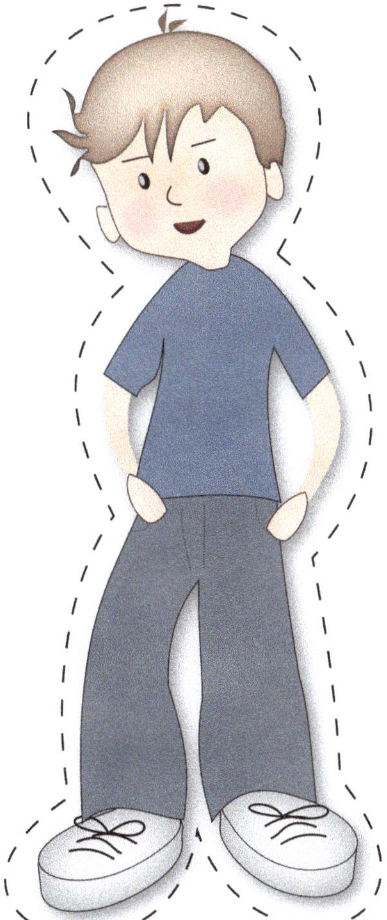

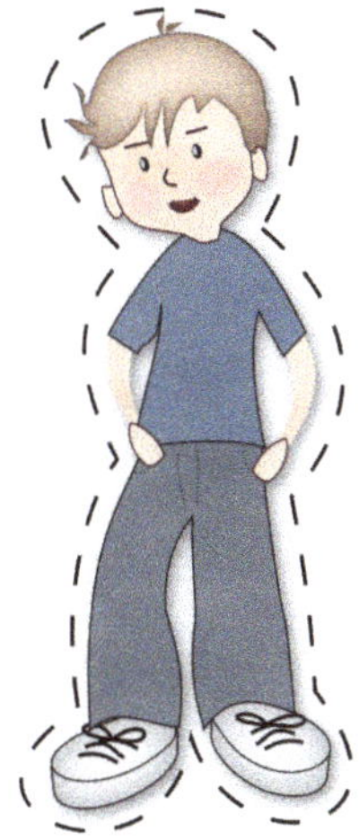

Voilà nos amis des livres « Adrien et Super-A » !
Visitez bemyrails.com et abonnez-vous à notre newsletter.
Nous vous tiendrons au courant de la sortie du prochain livre !

www.ingramcontent.com/pod-product-compliance
Lightning Source LLC
Chambersburg PA
CBHW041431040426
42444CB00022B/3491